대림절 묵상집

# 주님을 기다리며

대림절 묵상집

주님을 기다리며

2016년 11월 17일 초판 1쇄 발행
2022년 11월 17일 개정판 1쇄 발행

지 은 이 | 김도일·김성중·박미경·안중회·조은하
책임편집 | 김도일
펴 낸 이 | 김영호
펴 낸 곳 | 도서출판 동연
등     록 | 제1-1383호(1992. 6. 12)
주     소 | 서울시 마포구 월드컵로 163-3
전     화 | (02)335-2630
전     송 | (02)335-2640
이 메 일 | yh4321@gmail.com

ISBN 978-89-6447-844-8  03230

| 개정판 |

대림절 묵상집

# 주님을 기다리며

김도일 김성중 박미경 안중회 조은하 지음
책임편집 김도일

동연

# 별을 보는 마음으로

깜깜한 밤 한 줄기 빛을 찾아 별을 보는 사람들이 있었습니다. 그들이 꿈꾸는 세상과 현실이 처절하리만큼 달라도, 하늘을 보며 꿈을 꾸는 사람들이 있었습니다. 동방 박사들과 목동들이었습니다. 하늘을 바라보던 자들은 예수님의 탄생을 알았습니다. 그래서 초라하지만 거룩한 아기 예수님의 탄생의 자리에 함께할 수 있었던 것입니다.

지진과 전쟁과 반목과 불신의 우울하면서도 불안한 시대를 우리도 살아가고 있습니다. 그래서 좀 더 힘을 갖추기 위하여 더 빨리, 더 많이, 더 높은 곳으로 가려고 끊임없이 경쟁하고 조급하게 달려갑니다. 그러다 보니 우리 영혼이 우리를 미처 따라오지 못하는 듯합니다. 영혼 없는 정열, 사랑, 수고가 우리의 삶을 헛헛하게 만듭니다.

이제 가던 길을 잠시 멈추어 서서 하늘의 별을 바라볼 시간입니다. 소음 속에서 침묵을 회복하고, 어둠 속에서 빛을 찾으며, 분주한 발걸음을 멈추고 우리를 찾아오신 예수님을 기다리는 시간을 가져야 할 때입니다.

대림절을 맞아 한국기독교교육학을 전공한 학자들이 대림절 묵상집을 준비하였습니다. 소외되고 가난한 자들의 아픔, 눈물 흘리는 자들의 비통함, 경쟁에 지친 자들의 불안감을 성서의 눈으로 보고자 하였습니다. 아기 예수님의 탄생을 기다리는 때, 묵상을 통하여 하나님의 음성을 새롭게 듣는 시간이 되길 바랍니다.

할렐루야~ 우리 예수님의 탄생을 기다립니다.


조은하 교수
(목원대학교, 한국기독교교육학회 전 회장)

# 기다림의 의미를 되새기며,

2차대전 차디찬 겨울에 있었던, 전해져오는 실화라고 합니다. 12월 24일 성탄 전야에 프랑스군과 독일군이 작은 강을 사이에 두고 대치하고 있었습니다. 살벌한 전쟁터는 아롱지는 별빛으로 인해 고요하고 적막해졌습니다. 이 고요함 가운데 참호 속에 앉았던 한 프랑스 병사가 고향을 생각하며 무심코 낮은 휘파람 소리로 성탄 캐럴을 불렀습니다. 이 휘파람 소리가 적막한 강 주변을 잔잔히 울려 퍼졌습니다. 그 애달프고 잔잔한 휘파람은 이내 건너편에 있던 독일 병사의 마음을 향수에 잠기게 했습니다. 독일 병사가 그 멜로디를 따라 마음과 입술을 움직이고 있었던 것입니다. 조금 후 아군과 적군의 캐럴 멜로디가 함께 강을 맴돌았습니다. 그리고 고향의 성탄을 그리워하던 모든 병사들이 이 합창의 멜로디를 듣고는 다 함께 부르게 되었습니다. 고요하고 적막한 강은 캐럴의 향연이 되었습니다. 아군도 적도 없는 성탄의 밤이었습니다. 서로 피흘려야 하는 병사로서의 모습은 사라지고 오직 성탄을 축하하며 그리워하는 애절한 마음만 남게 되었습니다. 강가의 캐럴 향연은 적과 아군이 한 자리에서 드리는 성탄의 예배로 이어졌고 즐거운 파티까지 맞이하게 되었답니다.

대림절은 기다림의 절기입니다. 우리 대신 죄를 짊어지러 우리 곁에 오신 주님을 기다리는 절기입니다. 기다리면서 우리는 숙연해집니다. 기다리면서 우리는 겸손해집니다. 기다리면서 우리는 점점 더 사람이 되어 갑니다. 기다리면서 우리는 하나님 앞에서 소망을 갖게 됩니다. 기다리면서 우리는 인생의 소망은 하나님의 아들을 모셔들이는 것임을 깨닫게 됩니다.

아일랜드에는 오랜 전통이 있다고 합니다. 대림절이 되면 집안에서 가장 어린 자녀가 집에 들어와 촛불을 켤 때까지 아무도 어두움을 밝힐 수 없다는 겁니다. 그래서 실제로 토마스 그룹이라는 이가 어릴 때 호기를 부렸던 적이 있었답니다. 모두가 집에 들어와도 어린 토마스가 집에 들어와 성냥으로 초를 켤 때까지 기다릴 수밖에 없었습니다. 그는 일부러 느지막이 집에 들어가서 모든 식구가 거실에서 그를 애타게 기다리는 것을 즐기곤 했습니다. 대림절이 되면 가장 약하고 어린 그에게 엄청난 힘이 주어진다는 것을 알았기 때문입니다. 이제 나이를 먹고 보니 그 전통은 성경의 대림절이 주는 기다림의 축복, 약한 자를 특별히 사랑하시는 하나님의 축복, 어린이에게 유난히 사랑을 베푸시는 하나님의 배려가 있다는 것을 알게 되었습니다. 사랑하는 성도 여러분, 대림절에 이 묵상집 "주님을 기다리며"를 통해 주의 음성을 청종할 수 있기를 소망합니다.

대림절을 맞이하여
김도일 교수
(장로회신학대학교, 한국기독교교육학회 전 회장)

# 차례

# 대림절 첫째 주

그러므로 깨어 있으라 어느 날에 너희 주가 임할는지
너희가 알지 못함이니라
(마태복음 24:42)

# 내가 곧 길이요

요 14:6

> 예수께서 이르시되 내가 곧 길이요 진리요 생명이니
> 나로 말미암지 않고는 아버지께로 올 자가 없느니라(요 14:6).

폭염이 절정에 달한 8월 15일부터 5일간 제주도 도보순례를 한 적이 있습니다. 연일 35-36도를 오르내리는 폭염 속에서 평지를 걷는다는 것은 결코 녹록한 일이 아니었습니다. 아침 7시 30분에 출발했지만 오전 10시가 되면 벌써 다리가 풀려오기 시작합니다. 하늘에서 쏟아지는 강렬한 햇살은 마치 아스팔트를 녹일 듯한 기세였고 그 위에 선 도보자들은 녹아내리는 아이스크림처럼 한 걸음 한 걸음을 내디뎌야 했습니다.

순례를 시작하면서 한 동행자가 말했습니다. 걷다 보면 길이 말을 걸어 올 것이라고 말입니다. 그러나 길이 이야기를 한다면 단 하나, "드러누워" 하는 말일 듯했습니다. 그러나 순례의 여정 속에 길의 가르침을 깨달았습니다. 그것은 바로 '침묵'이었습니다.

걷고 또 걷고 하면서 어느새 우리는 그 무수한 말들을 놓아 버렸습니다. 걷는 자는 말을 많이 할 수 없었습니다. 비로소 말에 갇혀 있었던 나 자신이 보이고, 동료들의 모습들이 보이기 시작한 것입니다. 비로소 나의 언어에 갇혀 있던 하나님이 보이기 시작하는 것입니다. 무수한 언어로 파편화된 생각의 원형을 볼 수 있었습니다. 침묵의 힘이었습니다.

예수님은 자신을 "길이요, 진리요, 생명"이라고 하십니다. 예수님을 통해서 하나님을 만날 수 있다고 합니다. 신앙은 길을 떠나는 일입니다. 아브라함이 그러했고 예수님이 그러했고 사도바울이 그러했습니다. 치열하게 걸으면서 부대끼면서 땀 흘리면서 비로소 그곳에서 진리에 눈뜨고 생명을 발견하는 것입니다. 예수 그리스도는 길이고 진리이고 생명입니다. 우리가 걷는 그 길 위에 예수 그리스도가 계십니다.

기도
우리가 머물러 있지 않고 매일 새로운 길을 떠날 수 있는 용기를 주소서.

# 말씀으로 살 것이라

마 4:4

> 예수께서 대답하여 이르시되 기록되었으되
> 사람이 떡으로만 살 것이 아니요 하나님의 입으로 나오는
> 모든 말씀으로 살 것이라 하였느니라 하시니(마 4:4).

인공지능시대를 살아가면서 이제는 과학이 인간이 할 수 있는 많은 일을 대신하는 때가 되었습니다. 인간의 지혜와 이성이 최고조에 달한 것은 사실인 듯합니다. 그래서 현대인들은 근대 이전의 권위주의에서 벗어나 합리적이고 이성적인 사회를 살고 있는 것 같으나 실상 우리의 모습은 그렇지 않습니다. 성격만 다른, 또 다른 권위의 지배를 받고 살고 있습니다. 이것을 에리히 프롬은 "익명의 권위, 눈에 안 보이는 소외된 권위"라고 이야기합니다. 익명의 권위의 대표적인 것은 이익입니다. 일신의 이익이 대중적 공의보다 우선시되고 있다는 것입니다. 두 번째는 경제적 가치의 부상입니다. 우리 사회의 갈등이나 사건 사고가 있을 때마다 우리가 흔히 듣는 이야기가 바로 "경제적 안정"이라는 이야기입니다. 경제적 가치가 근원적 가치로 인식되고 있는 우리 사회의 단면입니다. 세 번째로 시장의 속성입니다. 많이 소유하고, 계속 새로운 것으로 바꾸는 것과 같은 물질적 권위가 자신의 가치와 직결되고 있습니다. 네 번째, 여론입니다. 무엇이 진실인가보다는 더 큰 목소리, 많은 목소리가 힘을 누리는 것을 의미합니다.

예수님이 세례를 받으시고 광야에서 받으신 시험은 여전히 우리에게도 유효한 시험입니다. 40일 동안 굶주린 예수님을 마귀는 시험합니다. "네가 만일 하나님의 아들이어든 명하여 이 돌들로 떡덩이가 되게 하라."

예수님은 대답합니다. "기록되었으되 사람이 떡으로만 살 것이 아니요 하나님의 입으로 나오는 모든 말씀으로 살 것이라."

우리는 하나님의 자녀된 증거를 물질적 안녕으로 삼으려는 맘모니즘에 사로잡혀 있습니다. 이러한 맘모니즘 속에 인간의 근원적 가치인 생명, 돌봄, 나눔, 배려와 같은 것들이 소멸되고 물질이 새로운 권위로 대두되고 있는 것이, 점점 현명해진다는 우리 사회의 현실입니다.

"사람이 떡으로만 사는 것이 아니다." 떡을 사기 위해 영혼을 잃고 있는 우리에게 주시는 하나님의 말씀입니다.

기도
하나님의 말씀 안에 새롭게 회복되게 하소서.

# 우는 자들과 함께 울라

**롬 12:15**

즐거워하는 자들과 즐거워하고
우는 자들과 함께 울라(롬 12:15).

절친한 친구 사이인 두 사람이 어느 날 길을 가다가 불량한 상급생을 만났습니다.

상급생은 평소 맘에 들어 하지 않던 한 친구를 심하게 때렸습니다. 옆에 있던 다른 친구는 몸도 약하고 힘도 없었습니다. 그렇지만 그 친구는 상급생에게 다가가 큰 소리로 물었습니다.

"도대체 얼마나 더 때릴 것입니까?"

상급생이 눈을 부라리면서 그걸 왜 묻느냐고 소리쳤습니다.

몸이 약한 친구가 대답했습니다.

"제가 반을 대신 맞아 주려고요."

영국의 시인 바이런(George Gordon Byron)의 이야기입니다.

'헨리 나우웬'은 그의 저서 〈긍휼〉에서 우리 시대의 가장 비극적인 현상을 무관심과 분노로 이야기하고 있습니다. 무관심이란 우리가 이전 어느 때보다도 세계의 고난과 고통에 대해서는 많이 알고 있으나, 그것에 반응하는 비율은 점점 더 낮아지고 있다는 것입니다.

성탄을 기다리며 우리는 평화의 왕이신 예수를 고대하지만, 우리의 현실은 평화와는 너무도 먼 곳에 있습니다. 코로나를 경험하면서 전 인류가 전염병의 고통을 함께 겪었고 여전히 위드코로나 시대를 보내고 있습니다. 이 와중에 우리 사회는 빈익빈 부익부 현상의 심화와 사회 인식의 분열과 타자에 대한 혐오를 경험하였습니다. 초대교회에도 전염병은 있었습니다. 그러나 당시 기독교인들은 '파라볼라노이'라는 별명을 얻을 만큼 헌신적으로 병든 자와 고통에 직면한 이웃을 위하여 헌신하였습니다. 그것이 바로 신앙의 힘이었습니다.

최근 그들의 노동 현장에서 목숨을 잃고 있는 청년들의 이야기가 유독 자주 들려옵니다. 안전하게 노동할 수 없는 현실과 더불어 청년들이 그들의 꿈을 활짝 펼 수 있는 사회적 제도와 지원이 더욱 절실합니다. 고통당하는 자와 우는 자들의 마음에 공감하고 그 고통을 함께 제거해 가야 하는 것이 사회 구성원들의 책임입니다.

그러나 양심에 화인 맞은 듯 옳은 것과 옳지 못한 것을 구별하지 못하는 그런 상태로 우리 사회가 달려가고 있습니다. 맘몬의 시대, 인간의 가치보다 돈이 앞서는 조류 앞에 갇혀 있습니다. 멈추어야 합니다. 그리고 돌이켜야 합니다. 자꾸 굳어져 가는 마음을 다시금 추스르고 우리 사회의 가장 고통의 자리에 다시 한번 우리의 발걸음을 옮겨야 할 것입니다.

'아브라함 요수아 헤셸'은 악의 근원을 굳은 마음, 냉담함, 무감각이라고 합니다. 슬픔과 애통함에 냉담함이 죄의 근원입니다. 인간의 고통의 현장으로 아들을 보내신 하나님의 말씀을 기억하는 때, 우리가 그 마음의 한 가장자리에라도 서야 할 것입니다.

기도

우는 자들과 함께 우는 애통함을 주소서.

# 저녁이 되고 아침이 되니라

창 1:5

하나님이 빛을 낮이라 부르시고 어둠을 밤이라 부르시니라
저녁이 되고 아침이 되니 이는 첫째 날이니라(창 1:5).

거리에 나서면 예쁘게 화장을 한 청소년들을 쉽게 볼 수 있습니다. 교복을 벗으면 마치 어른처럼 하이힐에 핸드백까지 메고 나옵니다. 빨리 미성년자의 딱지를 떼고 어른 대접을 받고 싶어 하는 것이지요. 하루빨리 나이 들고 싶어 하는 건, 오늘의 저 너머에 아름답고 벅찬 새로운 시간이 기다리고 있을 것이라는 희망 때문일 것입니다. 희망을 품고 있는 한 푸른 시간을 살아갈 수 있는 것입니다.

일본의 시인 시바타 도요는 세월이 갈수록 흐릿해지는 희망을 다시 일깨워 준 사람입니다. 1911년 출생한 그녀는 90세가 넘어서 시를 쓰기 시작합니다. 그녀는 쌀집을 하던 비교적 유복한 집에서 외동딸로 태어났지만, 십 대에 가세가 기울면서 집이 다른 사람에게 넘어가는 일을 겪게 됩니다. 어려운 경제생활 속에서 스무 살 때 결혼을 하지만 남편은 전혀 가정을 돌보지 않아 불행한 결혼생활 끝에 헤어집니다. 바느질, 음식점일 등으로 살아가다가 33세 때 다시 결혼을 하고 45세에 아들을 낳았지요. 남편이 세상을 떠나고 20여 년 동안 혼자 살면서 그녀는 자신을 세워갈 방법을 찾게 됩니다. 60이 넘은 나이에 무용을 시작하고 90세가 넘어서 시를 쓰기 시작한 것이지요. 그리고 시집 〈약해지지 마〉를 출간합니다. 그녀에게 나이는 중요하지 않았습니다. 이제 100세가 넘어 아침마다 일어나는 일이 쉽지 않지만 그때마다 다음과 같이 이야기한답니다.

"인생이란 언제나 지금부터야, 누구에게나 아침은 반드시 찾아온다."

나이 40이 넘어가면 인생을 뒤에서부터 계수한다고 합니다.

"이제 은퇴 몇 년 남았구나", "이것을 공부하면 몇 년을 사용할 수 있을까?"

끝을 보면서 살기 시작하는 것이지요. 남아있는 시간을 계수한다는 것은 걸어온 시간을 돌아보는 것입니다. 동시에 걸어갈 시간을 그려보는 것입니다.

아팠던 일, 상처받았던 일, 배신당한 일, 좌절했던 일, 견디며 지나

온 시간에서 내일의 서광을 발견해야 합니다. 저녁이 되고 아침이 되니 창조의 첫째 날이 된 것처럼 우리는 새로운 아침을 향해 가는 사람들입니다. 약해지지 말고, 망설이지 말고, 세월을 밀어내지 말고, 삶의 아침을 맞이하길 바랍니다. 창조의 하나님이 허락하신 새로운 시간은 우리를 희망으로 초대하고 있으니까요. 예수 그리스도는 우리를 새로운 시간으로 인도하시는 분이기 때문입니다.

기도

매일 매일 새로운 희망을 갖게 하소서.

# 힘쓰고 애써
# 더욱 간절히 기도하시니

눅 22:44

> 예수께서 힘쓰고 애써 더욱 간절히 기도하시니
> 땀이 땅에 떨어지는 핏방울같이 되더라(눅 22:44).

오늘 하루를 어떻게 시작하셨습니까? 많은 일들과 생각으로 가득하여 하나님과 마주할 시간을 찾지 못한 것은 아닌지요? '디트리히 본회퍼'의 전기 작가인 '에버하르트 베지'는 디트리히 본회퍼에 대한 경험을 다음과 같이 이야기하고 있습니다.

2차 세계대전 중 비밀 지하 신학교에서 젊은 남학생들에게 신앙 훈련을 하고 있었습니다. 당시 모든 신학교는 히틀러에 의해 폐쇄되어 있었습니다. 본회퍼는 신학생들에게 매일 2시간씩 성경을 묵상하는 훈련을 시키고 있었습니다. 그러나 그들은 성경을 묵상하다가도 가족들과 자신의 장래에 대한 걱정 때문에 묵상을 못 하겠다고 불평하곤 했습니다. 그때 본회퍼는 이야기했습니다. "생각이 어디로 흘러가든지 따라가거라. 멈출 때까지 따라가서 어딘가에 서거든 그것이 무슨 문제가 되었든 어떤 사람이 되었든 바로 그것을 기도 제목으로 삼아라. 생각들과 씨름하는 것은 더 많은 소음과 내적 혼란을 끌고 갈 뿐이다."

예수님은 기도하는 분이었습니다. 세례를 받으시고 시험이 있는 광야로 나가기 전에도 40일을 금식하며 혼자만의 시간을 가졌습니다. 십자가의 고통을 앞두고도 땀이 피가 되도록 하나님 앞에 기도하였습니다. 귀신을 쫓아내지 못하는 제자들에게 기도 외에 다른 것으로는 이런 능력이 나갈 수 없다고 알려주시기도 하셨습니다. 예수님이 알려주신 기도는 우리 신앙공동체의 공동 기도로서 오늘까지 이어지고 있습니다(마 6장).

기도는 하나님 앞에 나의 존재를 내어 드리는 것입니다. 하나님께 우리의 방법을 강요하는 것이 아니라 하나님 앞에 승복하는 것이 기도입니다. 본회퍼는 기독교인은 두 가지로 자신을 말할 수 있다고 합니다. 하나님 앞에서 기도하는 것과 사람들 앞에서 정의를 행하는 것이 바로 그것입니다.

예수 그리스도로 인하여 우리는 언제든 하나님 앞에 기도할 수 있는 자가 되었습니다. 예수 그리스도를 기억한다는 것은 다시금 기도의 시간을 회복하는 것입니다. 기도를 통하여 우리는 헛된 욕망을 내려놓을 수 있습니다. 기도를 통하여 원수를 용서할 수 있는 자비를 배울 수 있습니다. 기도를 통하여 정의를 행할 수 있는 용기를 얻을 수 있습니다. 대림절은 바로 기도하는 시간입니다.

기도

기도하는 이 시간이 가장 귀한 시간임을 깨닫게 하소서.

# 여호와는 사랑과 정의와 공의를 행하는 자

렘 9:23-25

> 여호와께서 이와 같이 말씀하시되 지혜로운 자는 그의 지혜를
> 자랑하지 말라. 용사는 그의 용맹을 자랑하지 말라
> 부자는 그의 부함을 자랑하지 말라. 자랑하는 자는 이것으로
> 자랑할지니 곧 명철하여 나를 아는 것과 나 여호와는
> 사랑과 정의와 공의를 땅에 행하는 자인 줄 깨닫는 것이라
> 나는 이 일을 기뻐하노라 여호와의 말씀이니라(렘 9:23-25).

역사의 질곡, 고난의 회오리 속에서 중요한 것은 무엇이 우선이며 중요한 것인가를 알고 그것을 지키는 일일 것입니다. 예레미야는 사방으로 우겨 쌈을 당한 이스라엘 역사의 암흑 속에서, 자랑하고 의지할 것이 있어도 그리하지 말아야 할 것을 이야기합니다.

지혜로운 자는 그의 지혜를 자랑하지 말고 용사는 그의 용맹을 자랑하지 말며, 부자는 그의 부함을 자랑하지 말라고 합니다. 어려울수록 우리는 난국을 헤쳐 나갈 논리적이며 합리적인 방책을 모색하게 되며, 힘을 비축하게 되며, 물질에 의지하게 됩니다. 그러나 하나님은 말씀하십니다. 이 모든 것이 우리를 지키는 것이 아니라는 것입니다. 그것을 자랑하는 것은 어리석다는 것입니다. 우리가 자랑할 것은 '하나님을 아는 것'입니다. 그리고 그 하나님은 사랑과 정의와 공의를 땅에 행하시는 자인 것을 깨닫는 것입니다.

헨리 나우웬은 그의 저서 〈Eternal Seasons〉에서 현대인들의 삶의 대부분이 무의미한 탐닉, 즉 부와 명예와 소유에 대한 탐닉에 빠져 있다고 지적합니다. 이러한 탐닉에서 자유롭기 위해서는 다른 사람들을 모두 자신대로 통제하고 싶은 교만과 욕망의 장벽, 타인에 대한 의심과 두려움에서 벗어나야 합니다. 무의미한 고독함과 이기적인 소유욕과 미래에 대한 두려움에서 자유로워짐은 하나님이 사랑과 정의와 공의를 행하시는 하나님이라는 것을 확신할 때 오는 것입니다. 연대적 사랑보다는 파편화된 고독이, 정의와 공의보다는 교만과 욕망의 관계가 우리의 삶을 고갈시키고 있는 이때, 하나님 사랑의 최고의 증거인 예수 그리스도를 기다리며 사랑과 정의와 공의를 행하시는 하나님의 뜻을 다시 헤아려보아야 합니다.

**기도**
사랑과 정의와 공의의 하나님과 동행하게 하소서.

# 이스라엘을 다스릴 자

미 5:2

> 베들레헴 에브라다야, 너는 유다 족속 중에 작을지라도
> 이스라엘을 다스릴 자가 네게서 내게로 나올 것이라
> 그의 근본은 상고에, 영원에 있느니라(미 5:2).

메시아를 기다리는 자들에게 예수님은 그들의 기대와는 전혀 다른 길로 오셨습니다. 약속된 말씀대로 오셨지만 그것을 깨닫기 어려웠습니다. 작고 초라한 마을의 한 마구간에서, 나그네의 여정 속에서 이 세상에 오신 것입니다. 오로지 하나님의 약속의 말씀이 성취되어 온 것 이외는 모든 것이 의외였습니다.

퀸스 학교를 졸업할 때 나는 내 앞에는 곧은 길 하나만 있는 줄 알았어요. 하지만 도중에는 몇 개의 이정표가 있었어요. 지금 그 길모퉁이에 서 있는 거예요. 길모퉁이를 돌아서면 무엇이 기다리고 있는지 몰라요. 하지만 좋은 것이 있으리라 믿어요. 길모퉁이란 그 앞에 어떻게 되어 있는지 모르는 것이 매력 아니겠어요? 초록빛으로 반짝이는 부드러운 그늘이 있는지도 모르고, 본 일도 없는 풍경과 눈에 번쩍 뜨이는 아름다운 곳이 있을지도 모르고, 에움길이나 언덕 또는 골짜기가 있을지도 모르지요.

퀸스 학교 졸업을 앞두고 있던 어느 날, 시력을 잃어가고 있는 마릴라 아주머니 앞에서 빨간머리 앤이 했던 이야기입니다.

모든 것이 환히 보이는 곧은길보다 무엇이 있는지 알 수 없는 모퉁이 길이 삶에 있어서 더 매력적이고 의미 있다고 합니다. 모퉁이 길을 돌아설 때 '좋은 것이 있으리라'는 기대감과 설렘을 가질 수 있기 때문이겠지요.

이렇듯 우리는 또 다른 앤이기도 합니다. 모두 다른 출발점에서 시작하였지만, 모퉁이 길을 돌아서 새롭게 발견할 새로운 길을 기대하고 소망하며 오늘도 새로운 하루를 출발하는 것이지요. 예수님을 기다리는 일은 설렘을 회복하는 일입니다.

아직 모르기에, 아직 잡히지 않았기에, 아직 이루어지지 않았기에 우리의 삶은 여전히 설렐 수 있습니다. 대림절은 바로 이렇게 다시 설레는 자리에 서는 것입니다. 설렘이 있는 모퉁이 길. 그 길에서 우리는 예수 그리스도를 만날 것입니다.

기도
하나님의 말씀이 이루어지기를 간절히 원하는 마음을 가지게 하소서.

# 대림절 둘째 주

•

나는 너희에게 물로 세례를 베풀었거니와
그는 너희에게 성령으로 세례를 베푸시리라
(마가복음 1:8)

# 예수님은 누구신가?

사 11:4-5

공의로 가난한 자를 심판하며 정직으로 세상의 겸손한 자를
판단할 것이며 그의 입의 막대기로 세상을 치며 그의 입술의 기운으로
악인을 죽일 것이며 공의로 그의 허리띠를 삼으며
성실로 그의 몸의 띠를 삼으리라(사 11:4-5).

세상의 모든 것을 상품화시키는 신자유주의의 물결 속에 우리는 우리 자신을 끝없이 채찍질하며 달려갑니다. 우리는 끊임없이 자기 발전과 물질적 풍요를 꿈꿉니다. 할 수 있다고 지속적으로 자신을 채찍질하고, 더 많은 것을 가지면 행복할 것이라고 생각하며 물질을 이 땅에 쌓아 놓으려 애쓰며 하루하루를 채워갑니다. 이 옹색한 마음은 다른 이를 돌아볼 여유를 허락지 않습니다. 되려 내 것을 빼앗길까 두려워하고, 내 것을 절대 놓지 않으려고만 합니다. 내게 허락된 모든 것이 마치 내가 다 이룬 것이라는 착각 속에 빠집니다. 그렇기에 남과 나누는 것은 어리석음이 되고 맙니다. 하지만 우리에게 남는 것은 채워지지 않는 허기와 공허함뿐입니다. 그렇기에 매일 수고하고 애써도 여전히 비어 있습니다.

세계적인 구약학자인 월터 브루그만(Walter Brueggemann)은 선언합니다. "안식일은 저항입니다." 성취와 소유에 치중하는 세상을 향한 저항이라고. 안식일에도 안식하지 못하고 세상을 따라 몰아쳐 가고, 하나님의 것을 도둑질할 만큼 물질적 여유도 없이 살아가는 우리가 세상을 향해 저항하는 것이 바로 주일 성수요, 십일조 생활이라고 피력합니다.

그렇습니다. 우리 주님이 통치하시면 이 모든 일이 막을 내립니다. 그분은 진리요, 그분은 공의요, 그분은 만유의 주인이기 때문입니다. 주님은 그의 삶을 통해서, 십자가상의 죽음을 통해서 역설을 이루셨습니다. 십자가 죽음의 슬픔은 부활의 기쁨으로 바뀌었습니다. 십자가 죽음은 부활의 생명이 되었습니다. 주님께서 이루신 역설이 우리의 삶 가운데 피어나길 소망합니다. 나눌수록 채워져 갑니다. 채워도 채워지지 않던 마음은 날마다 은혜로 차고 넘칩니다. 그 날을 기다립니다. 그 날을 기대하며 오늘을 살아갑니다. 때로는 버거운 듯 느껴질 때도 있지만, 그분을 생각하면 이겨낼 수 있습니다. 그분은 내 힘과 소망의 근원이기 때문입니다. 그렇기에 나는 오늘을 살고 또 그 날을 내가 있는 이곳으로 초대합니다. 힘없고 약한 자들의 땅에 하나님의 공의가 우뚝 서길 기대하며, 우리 자신이 그 공의의 일부가 되길 소망하며 내가 할 수 있는 일을 오늘도 묵묵히 합니다.

우리 주님이 함께하시면 너는 적이 아닌 가족이 됩니다. 나도 너에게 가족이 됩니다. 약한 자, 강한 자, 부한 자, 가난한 자의 구분이 없는 우리 모두가 주님의 가족이 됩니다. 그분이 오실 그 날을 기다립니다.

기도
공의의 주님을 기다리며 사모합니다. 이 땅에 주님의 공의가 바로 서게 하소서.

# 주님을 소망하라

사 40:1

내가 여호와를 기다리고 기다렸더니
귀를 기울이사 나의 부르짖음을 들으셨도다(시 40:1).

각자도생의 삶이 일반화되어버린 지금, 우리는 문득문득 이 세상에서 나 혼자인 것처럼 외로움에 빠집니다. 나의 상황을 아무도 모른다는 생각에 야속한 마음이 앞서기도 합니다. 내 말에 아무도 귀 기울이지 않는 것 같아 마음이 무너집니다. 영화 "밀양"의 이창동 감독은 여주인공의 오열을 통해 우리에게 말합니다. 나 자신이 고통으로 신음할 때, 자신의 눈에 보이는 다른 이들의 평안함이 얼마나 큰 고통이 되는지를. 나는 이렇게 힘들고 어려운데 투명한 유리 너머로 보이는 다른 이는 나의 고통을 아는지 모르는지 아랑곳 않는 것처럼 느껴질 때 인간은 절망한다고.

오늘날 사회에서 일어나는 끔찍한 사건들 중에 수많은 사람이 존재하는 상황 속에서도 무참히 생명을 잃는 사건이 발생하기도 합니다. 위협을 느낀 사람들은 두려움 속에서 선뜻 나서지 못하는 것이지요. 그렇게 모른채 할 때, 우리 사회는 점점 생명력을 잃어갑니다. 그러나 우리 주님께서는 우리의 아픔을 그냥 지나치지 않으십니다. 아주 작은 신음 조차도 그분의 귀엔 그 어떤 소리보다 분명하게 들리고, 주님의 마음은 우리와 함께하시며, 우리를 위해 친히 달려오시는 분입니다. 우물가의 여인의 공허한 마음을 아시는 주님께서 그 여인의 마음에 진리의 빛을 선물하십니다. 아들을 잃은 여인의 절망에 생명의 빛을 선물하십니다. 예수님께서는 아픈 자를 보고 함께 우시고, 민망히 여기십니다. 예수님 의 마음이 움직일 때, 기적의 역사는 현실로 나타납니다. 그렇게 타인 의 신음에 귀 기울일 때, 희망이 자라납니다. 살맛이 납니다. 함께함이 사랑입니다. 함께함이 능력입니다. 함께 함이 충만입니다.

주님을 기다립시다. 인내함으로 기다릴 때, 우리 주님의 응답을 들을 수 있습니다. 좋으신 주님께서 내 기다림마저 다 기억하시고 그 기다림 이 변하여 기쁨이 되도록 하실 것이기 때문입니다. 세상을 바라보면 넘 어지기 쉽습니다. 예수를 바라보고 물 위를 걸었던 베드로도 거친 파도 를 바라볼 때 무서움으로 바닷속으로 빠져들고 말았습니다. 그러나 다 시 주님을 바라볼 때 걸을 수 있었습니다. 우리 주님께 시선을 고정하 고 주님을 바라고 기다릴 때, 우리의 기다림은 그리 길지 않게 느껴질 것입니다. 우리의 기다림은 고통이 아니라 설렘이 될 것입니다.

**기도**

누구보다 나를 더 잘 아시는 주님을 신뢰하며 주님을 기다리게 하소서.

# 무엇을 준비하는가

살전 5:23

평강의 하나님이 친히 너희를 온전히 거룩하게 하시고 또 너희의
온 영과 혼과 몸이 우리 주 예수 그리스도께서 강림하실 때에
흠 없게 보전되기를 원하노라(살전 5:23).

혼인잔치에 신랑을 기다리던 신부들은 등불을 켜고 신랑이 올 때까지 기다려야 했습니다. 그러나 일부 신부들은 등불의 기름을 충분히 준비하지 못했습니다. 신랑이 금방 올 줄 알았기 때문에 여유 있게 준비하지 않았습니다. 그러나 신랑은 기대보다 더 늦게 왔습니다. 정작 신랑이 도착했을 때, 기름이 바닥나고 말았습니다. 결국 등불의 기름을 충분히 준비하지 못한 처녀들은 신랑을 맞이하지 못했습니다. 잔치의 주인공이어야 할 사람들이 잔치에 참여조차 하지 못하게 되었습니다. 아기예수의 오심을 기다리는 우리는 무엇을 준비하며 기다려야 할까요?

우리는 이 세상의 징조들이 말세를 향해 가고 있다고들 이야기합니다. 그러면서도 우리의 삶은 별반 달라지지 않고 그렇게 살아가는 것을 봅니다. 설마 하는 생각이 우리를 변화로 이끌지 못합니다. 주님이 오시겠지만, 아직은 아니라는 생각을 하고 있는 듯합니다. 신랑이 금방 올 것이라 기대했던 신부들과 달리 우리는 신랑 되신 예수님이 금방 오시지는 않을 것이라는 우리만의 기대를 갖고 있는 것일까요. 신랑 되신 주님께서 이 땅에 오실 때 우리는 무엇을 준비해야 할까요?

기름을 충분히 준비하는 삶은 어떤 삶일까요? 이 땅에 쌓으려고만 해서는 주님을 만날 수 없습니다. 오히려 하늘에 쌓는 노력이 필요합니다. 그것이 신랑을 맞이하기 위한 등불에 기름을 충분히 준비하는 것입니다. 다른 이의 것으로는 내 것을 삼을 수 없습니다. 나 자신을 위한 기름은 스스로 준비해야 합니다. 우리의 삶을 그리스도의 완전을 향해 나아가도록 해야 할 것입니다. 세상의 기준으로 자신을 과대평가하거나 과소평가하지 말고, 우리 안에 계신 주님을 온전히 우리의 주인으로 모시는 것이 우선입니다. 우리의 목표는 그리스도의 완전이기 때문입니다. 주님의 성품을 닮아가고자 자신을 끊임없이 돌아보는 것이 바로 우리의 기름을 준비하는 것이 될 수 있습니다. 그렇게 될 때 우리 주님께서 오시는 날, 흠 없이 우리를 보전할 수 있습니다. 하나님 마음에 합한 자로 설 수 있습니다. 기쁘게 주님을 맞이할 수 있을 것입니다. 먼저 우리 자신을 돌아봅시다.

기도
내 안에 계신 주님, 온전히 나의 주인이 되어 나를 다스려 주소서.

# 어떻게 준비하는가

살후 1:11-12

> 이러므로 우리도 항상 너희를 위하여 기도함은 우리 하나님이 너희를 그 부르심에 합당한 자로 여기시고 모든 선을 기뻐함과 믿음의 역사를 능력으로 이루게 하시고 우리 하나님과 주 예수 그리스도의 은혜대로 우리 주 예수의 이름이 너희 가운데서 영광을 받으시고 너희도 그 안에서 영광을 받게 하려 함이라(살후 1:11-12).

우리는 끊임없이 내일을 기대하며 살아갑니다. 아직 이루어지지 않은 일을 기대하며 오늘을 준비하며 살아갑니다. 그런데 잠시 멈추어 생각해봅시다. 다가올 내일을 준비하느라 오늘의 중요성을 생각지 못하고 넘어가고 있지는 않은지.

우리는 어느 사이엔가 일상의 중요성을 상실하고 살아갑니다. 하지만 우리의 날들 대부분은 일상으로 이루어집니다. 그 일상들이 모여 특별한 생의 의미를 주는 것입니다. 그렇기에 교회력에도 특정한 절기보다는 일상이 훨씬 많습니다. 특정한 절기와 풍습을 통해 하나님 앞에서 우리 자신을 돌아보고, 받은 은혜로 매일 매일의 일상의 삶을 채워나가는 것이 중요하기 때문입니다.

톨스토이의 단편 중 〈세 가지 질문〉에 등장하는 왕은 현자를 찾아가 가장 중요한 때는 언제이고, 가장 중요한 사람은 누구이며, 가장 중요한 일은 무엇인지를 물었습니다. 그러나 그 현자는 즉답을 하지 않았습니다. 왕은 대답을 듣기 위해 더 머물게 되었습니다. 그때 다친 사람을 만나게 되었고, 그를 치료해 주었습니다. 그 치료를 받은 사람은 자신이 왕을 해하러 왔다가 왕이 하루를 현자와 더 지내게 되는 바람에 왕의 군사들에게 발각되어 오히려 다치게 되었다고 말해 주었습니다. 왕은 다시 현자에게 답을 구합니다. 그러자 현자는 이미 왕이 답을 들었다고 말했습니다. 가장 중요한 때는 바로 지금이고, 가장 중요한 사람은 바로 지금 함께 있는 사람이요, 가장 중요한 일은 바로 지금 함께 있는 사람에게 선을 베푸는 것이라고 했습니다.

우리 인생은 바로 '지금'의 순간이 모여 삶을 이루게 되는 것입니다. 어느 특별하고 먼 어떤 것이 아니라 지금 바로 내가 있는 이 순간을 어떻게 꾸려나가는지에 따라 우리 인생이 달라지는 것입니다. 우리는 이것을 인식하는 것에서부터 시작해야 할 것입니다. 우리 하나님은 우리와 언제나 함께하십니다. 어느 특정한 때에만 함께 하시는 것이 아니라 우리가 인식하지 못하는 그 순간에도 여전히 우리와 함께하시는 하나님이십니다. 어제도, 오늘도, 내일도, 그리고 영원히. 우리가 매일 살아가는 순간순간이 바로 하나님과 함께하는 시간이요, 하나님께

기억되는 순간입니다. 하루하루 누적되는 우리의 삶이 하나님 마음에 합당한 모습으로 채워질 때 우리는 점점 그리스도의 장성한 분량에 이르도록 자라게 되는 것입니다. 어느 날 갑자기 장성한 성장을 이루는 것이 아니라, 가랑비에 옷이 젖듯이 지금이라는 순간들이 모여 점진적으로 변화가 이루어집니다.

우리는 예수 그리스도가 이미 이루어 놓으신 승리의 삶을 살아가는 자들입니다. 그렇기에 내가 지금 당면하는 문제는 문제로만 끝나지 않습니다. 이미 우리 주님께서 승리를 허락해 놓으신 것이기 때문에 우리의 문제는 더 이상 문제가 아니라 하나님의 놀라운 일을 목도하는 은혜의 현장이 되는 것입니다. 우리 주님께서 이미 이겨 놓으신 것이기에 신뢰함으로 나아가면 됩니다. 당당하게 맞서면 됩니다. 우리는 이미 그 결과를 알기 때문입니다.

하나님을 신뢰하고, 하나님의 온전한 인도하심을 믿으며, 하나님의 영광을 위하여 한걸음씩 우리의 일상을 채워 나가면서 우리는 주님을 만날 준비를 하게 됩니다.

기도
매순간 하나님의 부르심에 합당한 삶을 살아가게 하소서.

# 어디서 기다리는가

살후 2:11-12

> 이러므로 하나님이 미혹의 역사를 그들에게 보내사
> 거짓 것을 믿게 하심은 진리를 믿지 않고 불의를 좋아하는
> 모든 자들로 하여금 심판을 받게 하려 하심이라(살후 2:11-12).

한 사람이 어떤 사람인지 알려면 그가 어떤 말을 주로 하는지 보면 알 수 있습니다. 또한 어느 곳에 주로 속해 있는지 보면 알 수 있습니다. 사용하는 말도 그렇지만 공간은 신앙에 있어서도 상당히 중요한 의미를 지닙니다. 모세가 하나님을 만났던 불붙은 떨기나무에서도, 하나님께서는 모세에게 "네가 선 곳은 거룩한 땅이니 신을 벗으라"고 말씀하셨습니다. 성경에서는 인물이 거하는 땅의 명칭이나 의미가 대단히 중요한 위치를 차지합니다. 또한 거기에 하나님의 메시지가 있었습니다. 땅은 비단 물리적인 땅만을 의미하지는 않습니다. 우리가 기반을 두고 있는 사상이나 철학, 지식, 가치 등도 우리에게는 중요한 장소의 의미를 지니기 때문입니다.

"네가 어디 있느냐?"

이 질문은 끊임없이 우리 자신을 돌아볼 수 있게 해줍니다. 선악과를 먹고 숨은 아담을 향해 물으셨던 하나님. 아벨을 죽인 가인을 향해 아벨이 어디 있느냐 물으셨던 하나님. 혼돈의 시대를 살아가는 우리에게는 진리 안에서 기다리는 것이 절실합니다. 진리에 바로 서 있을 때만이 비진리에 미혹되지 않습니다. 미혹의 영에 넘어가면 상식이 통하지 않습니다. 그렇기에 세상 고등학문을 연구한 자라도 쓰러지는 것입니다. 지식의 문제가 아니라 영의 문제이기 때문입니다. 우리는 자주 이 사실을 잊어버리는 것 같습니다. 진리가 우리를 자유하게 합니다. 우리를 자유케 하는 진리를 만나기 위해서는 진리를 아는 것이 선행되어야 합니다. 제대로 알면 제대로 행할 수 있습니다. 시련은 진짜와 가짜를 구분하는 분수령이 될 때가 많습니다. 연단을 통해 우리는 더욱 정제되고 진짜만이 남아 있게 됩니다. 기다림 역시 진짜와 가짜를 구분할 수 있는 기회가 됩니다. 온전한 신뢰와 믿음이 기다림을 완성할 수 있습니다. 끝까지 견디는 자만이 기쁨을 맛볼 수 있습니다.

편하기만 한 삶을 따라가기보다는 온전한 삶을 추구하는 우리가 되어야 하겠습니다. 하나님께서는 지금 이 순간에도 우리에게 물으십니다. "네가 어디 있느냐?"

기도
하나님의 진리의 터 위에 우리의 삶을 세워가게 하소서.

# 나는 준비하고 있는가

눅 22:27

앉아서 먹는 자가 크냐 섬기는 자가 크냐 앉아서 먹는 자가 아니냐
그러나 나는 섬기는 자로 너희 중에 있노라(눅 22:27).

예수님께서 우리의 죄를 대속하기 위해 생명을 내놓을 준비를 하고 계시는 때에도 제자들은 더 높은 자리를 얻고자 힘썼습니다. 주님의 마음도 모른 채, 섬기기보다는 섬김받고 허리를 굽히기보다는 목을 꼿꼿이 세우길 원하고 있었습니다. 우리의 모습이 여기서 멀까요?

물론 우리의 소유와 행함이 아닌 우리 존재 자체로 우리는 하나님께 특별한 자녀입니다. 이 세상의 어떤 부모도 자녀의 소유와 능력을 보고 그 자녀를 사랑하지는 않습니다. 자녀라는 그 사실 하나만으로도 사랑하기에 충분하기 때문입니다. 하지만 이것이 우리의 면죄부가 될 수는 없습니다. 자녀는 시간이 흐름에 따라 그 키와 몸이 자라야 하기 때문입니다. 성장과 성숙이 이루어질 때 부모는 마음을 놓을 수 있습니다. 우리의 신앙 역시 마찬가지입니다. 믿음 안에서 우리의 삶이 자랄 때 우리 주님께서 기뻐하십니다. 그렇게 매 순간의 삶들이 쌓여가면서 우리는 주님 만날 준비를 합니다. 자신의 좋은 점을 닮아가는 자녀들을 보면 흐뭇해하고, 부족한 점을 따라 하는 모습을 보면 안타까워하는 것이 바로 부모의 마음이기에, 우리도 주님을 따라 배우고 주님을 따라 살아가야겠지요. 주님의 마음을 본받는 자가 되어 이 세상에서 소외되고 낮은 자를 향해 사랑의 마음을 흘려보내고 우리 모두 하나님의 형상을 닮은 자들임을 기억하며 하나님을 대하듯 모든 이를 대하는 우리가 되길 소망합니다. 하나님이신 주님께서 오히려 자신을 비워 인간으로 이 땅에 오셨음을 기억합니다. 세상 기준으로는 섬김을 받는 자가 되어야, 남을 부리는 자가 되어야 우리 사회에서 인정받는 자라고 생각합니다. 그러나 우리 하나님의 나라에서는 기꺼이 주님의 모습을 본받아 먼저 섬기고, 낮아지는 자가 하나님의 인정을 받습니다. 그 안에 참 기쁨이 있습니다. 그 안에 참 생명이 있습니다.

　세상 기준으로 우리 자신을 판단하기보다는 하나님께서 기억하시는 자리에서 성실하고 겸손하게 오늘을 채워 나갑시다.

기도
우리의 본이 되신 주님을 따라 섬기는 삶을 살면서 주님 만날 준비를 하도록 인도하소서.

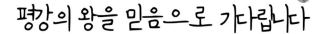

# 평강의 왕을 믿음으로 기다립니다

살후 3:16

> 평강의 주께서 친히 때마다 일마다 너희에게 평강을 주시고
> 주께서 너희 모든 사람과 함께 하시기를 원하노라(살후 3:16).

메시아의 오심을 기다리던 수많은 성경의 인물들은 믿음으로 오랜 시간을 견디었습니다. 성령의 감동으로 그리스도를 보기 전에는 죽지 않겠다던 메시지를 받았던 시므온은 아기 예수를 안고 하나님을 찬송하였고, 일찍 남편을 여의고 팔십여 년을 성전에서 금식하며 기도하고 살았던 안나 선지자도 메시아의 오심을 예언하였습니다. 그들은 예수님이 바로 세상을 구원할 메시아임을 단번에 알아보았습니다. 오랫동안 고대하며 기다리고 기도하였던 이들은 이 세상의 빛으로 오신 예수님을 알아차릴 수 있었습니다. 하늘의 별을 바라보던 목자들도 아기 예수의 오심을 알 수 있었습니다. 동방의 박사들도 아기 예수의 오심을 보기 위해 먼 길을 마다 않고 찾아왔습니다.

언제 오실지 정확한 날짜를 모른 채, 오실 이를 기다리는 것은 생각

보다 만만치 않은 일입니다. 그러나 하나님을 향한 신뢰가 있다면 이야기는 달라집니다. 그분이 함께할 때 보여준 신실함과 그 하신 말씀이 현재의 사건으로 목도됨을 경험한 이에게 그 기다림은 또 다른 믿음입니다. 또다른 설렘과 기대입니다. 믿음은 놀라운 능력입니다. 기적의 통로입니다. 이루어지지 않은 사건이 현실이 되는 놀라운 경험을 만나게 됩니다.

세상은 여전히 죄악 속에 있고, 우리는 연약하지만 평강의 왕으로 오신 주님을 기다립니다. 죄로 인해 막혔던 하나님과 우리 인간 사이에 평강을 다시 회복케 하신 예수님처럼, 우리 역시 이 세상에 평강의 사자로 서길 소망합니다. 불안과 두려움으로 평강을 잃어버린 세대를 살아가는 모든 이들에게 주님의 사랑을 전함으로 우리 주님의 평강이 흘러가길 기대합니다.

평강의 주님, 어서 오시옵소서!

기도
평강의 주님이 오실 것을 기대하며 기다리는 신실한 믿음을 허락하소서.

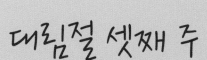

# 대림절 셋째 주

주의 성령이 내게 임하셨으니 이는 가난한 자에게 복음을 전하게 하시려고
내게 기름을 부으시고 나를 보내사 포로 된 자에게 자유를,
눈 먼 자에게 다시 보게 함을 전파하며 눌린 자를 자유롭게 하고
주의 은혜의 해를 전파하게 하려 하심이라 하였더라
(누가복음 4:18~19)

# 진정 그리스도를
# 만나기 위하여

마 11:2-11

예수께 여짜오되 오실 그이가 당신이오니이까? 우리가 다른 이를
기다리오리이까? 예수께서 대답하여 이르시되 너희가 가서
듣고 보는 것을 요한에게 알리되 맹인이 보며 못 걷는 사람이 걸으며
나병환자가 깨끗함을 받으며 못 듣는 자가 들으며 죽은 자가 살아나며
가난한 자에게 복음이 전파된다 하라. 누구든지 나로 말미암아
실족하지 아니하는 자는 복이 있도다 하시니라(마 11:3-6).

언젠가 거리에서 인기 연예인을 우연히 만났었습니다. 그런데 너무
평범한 모습에 조금 당황스러웠습니다. 그럴만한 이유가 있습니다. 저
는 드라마나 영화를 통해서 그의 멋진 모습만 늘 봐왔기 때문입니다.
그런데 실제로 만난 그는 특별한 것 없는 그저 평범하고 소박한 모습
이었습니다. TV속의 멋진 모습이 아니었기에 다소 실망했던 것입니
다. 하지만 보여주기 위해 만들어진 모습이 아니라, 본래의 소탈하고

친절한 모습에 오히려 거리감이 좁혀져 그의 팬이 되었습니다.

세례요한은 그리스도께서 하신 일들을 자기의 제자들을 통해 감옥에서 전해 듣습니다. 주님이 하신 일들에 대한 놀라운 소식입니다. 그런데 세례 요한의 마음에 예수님에 대한 무언가 석연치 않은 의구심이 떠올랐습니다. 제자들이 소개해준 그분이 그토록 기다렸던 분인지에 대한 갈등이 마음속 깊은 곳에서 솟아났습니다. 세례요한은 어쩌면 자신이 가지고 있는 기대와 다른 예수님의 활동에 실망했는지도 모릅니다. 그래서 세례 요한은 자기 제자들을 통해 예수님의 정체를 묻습니다. "오실 그분이 당신이십니까? 그렇지 않으면, 우리가 다른 분을 기다려야 합니까?"(마 11:3) 이 물음을 들은 예수님은 분명하게 말씀하십니다. "너희가 가서 듣고 보는 것을 알리되… 누구든지 나로 말미암아 실족하지 아니하는 자는 복이 있도다." 우리가 예수님이 우리에게 오시길 기대하는 삶을 살다 보면 그분이 누구이신가 하는 의문이 들게 됩니다. 우리가 가지고 있는 예수님에 대한 편견 때문에 예수님이 우리의 기대와 다를 수 있습니다. 심지어 예수님이 실망스럽게 느껴질 수도 있습니다. 더 나아가서 예수님 때문에 실족하는 일까지 벌어질 수 있습니다. 그러나 예수님은 흔들리는 세례요한과 달리, 세례요한을 확실하게 지지하고 인정하십니다.

예수님은 우리가 당신이 구주이실까 의심하고 고민할 때조차도 우리를 인정하시고 두둔해주시며 확고히 해주시는 분이십니다. 우리의 기대와 다르다고 해서 예수님이 아닌 것은 아닙니다. 예수님의 모습이 우리의 바람과 맞지 않는다고 해서 예수님이 아닌 것도 아닙니다. 예수님이 멋진 모습이 아니라고 해서 우리의 구주가 아닌 것이 아닙니다. 우리가 예수님을 의심한다고해서 예수님이 아닐 수 없습니다. 우리를 향한 예수님의 사랑은 흔들리지 않으십니다.

기도
우리가 의심 없이 사랑으로 오신 그리스도를 만나게 하소서.

# 영적 추위와 어둠 물리치기

눅 22:39-53

예수께서 나가사 습관을 따라 감람 산에 가시매 제자들도 따라갔더니
그 곳에 이르러 그들에게 이르시되 유혹에 빠지지 않게
기도하라 하시고 그들을 떠나 돌 던질 만큼 가서 무릎을 꿇고
기도하여 이르시되 아버지여 만일 아버지의 뜻이거든
이 잔을 내게서 옮기시옵소서 그러나 내 원대로 마시옵고
아버지의 원대로 되기를 원하나이다 하시니 천사가 하늘로부터
예수께 나타나 힘을 더하더라(눅 22:39-43).

　기다림은 힘겹고 지루한 일입니다. 늦은 시간, 찬바람이 매섭게 몰아치는 한겨울 버스정류장에서 발을 동동거리며 버스를 오래 기다린 적이 있습니다. '조금만 더 있으면 오겠지!' 하며 추위를 견디어 보지만, 기대와 달리 버스는 보이지 않습니다. 오로지 할 수 있는 것이라곤 옷깃을 여미고 발을 동동 구르며 언제 올지 모를 버스를 그저 기다릴 뿐입니다. 이처럼 우리가 주님을 기다리다 보면 고통스러운 추위와 깊은 어둠을 경험하게 됩니다. 그러나 이 어둡고 추운 시간은 지나가기 마련입니다.

예수님이 잡히십니다. 너무나 아프고 어두운 순간입니다. 그 어두운 밤에 일어난 사건은 한겨울 견디기 힘든 매서운 추위와 같습니다. 배신과 폭력이 발생하고 검과 몽치가 살벌하게 들리웁니다. 깊은 어둠의 시간입니다. 주님은 이 어둠 속에서 기도하십니다. 땀이 핏방울 같이 되어서 떨어질 정도로 고뇌에 찬 기도였습니다. 이때 주님은 신앙과 마음에 어둠이 드리우기 전에 제자들과 우리에게 당부하십니다. "시험에 빠지지 않도록 기도하여라"(눅 22:40). 제자들은 슬픔의 어둠 속에서 잠이라고 하는 더 깊은 어둠에 빠져듭니다. 마치 어둠에 순복하는 모습처럼 느껴집니다. 바로 그때, 인생이 감당하기 힘든 어둠이 밀려오기 전! 주님은 다시 한 번 당부하십니다. "왜들 자고 있느냐? 시험에 빠지지 않도록, 일어나서 기도 하여라"(눅 22:46). 차디찬 영적 추위와 어둠을 물리쳐 주시는 주님의 음성입니다. 이윽고 예수님을 빼앗아가는 진정한 어둠이 찾아옵니다. "지금은 어둠의 때요, 어둠의 권세가 판을 치는 때다"(눅 22:53). 이 어둠 속에 두려움과 분노가 겹쳐 우왕좌왕합니다. 예수님 주변에서 순식간에 칼이 번쩍이고, 대제사장의 종의 귀가 떨어집니다. 주님은 그 종의 귀를 만지며 치료해 주시며 말씀하십니다. "이것까지 참으라." 주님은 어둠 속에서 일을 그르치는 우리에게 밝은 빛과 따뜻함을 비추어 주십니다.

그리스도를 기다리는 삶은 인생이 어찌할 수 없는 추위와 어둠과

유혹이 찾아옵니다. 이처럼 기다림은 영적으로도 무척 괴로운 시간일 수 있습니다. 그러나 주님을 기다리는 사람들은 어둠에 묻히지 않고 추위에 굴하지 않고 "이것까지 참는 자"이여야 합니다. 그래서 깨어 기도함으로 어둠을 물리치는 사람들이어야 합니다. 이렇게 기도하며 빛을 기다리는 자만이 "내 뜻이 아닌, 하나님 아버지의 뜻"을 발견하며, 빛과 따스함을 주시는 우리의 진정한 메시아를 증언할 수 있습니다.

**묵상**

기다림 속에 드리운 추위와 어둠을 물리치기 위해 깨어 기도하게 하소서.

# 나를 바라보시는 주님

눅 22:54-69

> 베드로가 이르되 이 사람아 나는 네가 하는 말을 알지 못하노라고
> 아직 말하고 있을 때에 닭이 곧 울더라. 주께서 돌이켜 베드로를 보시니
> 베드로가 주의 말씀 곧 오늘 닭 울기 전에 네가 세 번 나를 부인하리라
> 하심이 생각나서 밖에 나가서 심히 통곡하니라(눅 22:60-62).

자전거가 달릴 때 넘어지지 않는 모습은 신기합니다. 바퀴가 두 개
밖에 없음에도 불구하고 안정적으로 앞으로 달려갑니다. 이렇게 넘어
지지 않는 이유는 멈춰 있지 않고 앞으로 가고 있기 때문입니다. 그러
나 잘 달리던 자전거도 멈추면 넘어지기 마련입니다. 주님을 기다리
는 사람들도 마찬가지입니다. 자전거가 달려갈 때 넘어지지 않는 것
처럼 주님을 기다리는 사람들도 멈추지 말고 달려야 합니다. 쓰러지
지 않고 넘어지지 않도록 보다 앞으로 움직여야 합니다.

멈춘 자전거처럼 베드로가 넘어진 순간이 있었습니다. 예수께서 공
회원들에게 잡혀갈 때 베드로가 주님을 부인합니다. 그런데 베드로가

주님을 부인하는 모습이 예사롭지 않습니다. 주님을 부인함에 너무 자연스럽고 태연합니다. 그래서 아무렇지 않게 주님을 확실히 부인하는 베드로의 모습이 무섭습니다. "여보시오! 나는 그를 모르오. 이 사람아, 나는 아니란 말이요. 여보시오! 나는 당신이 무슨 소리를 하는지 모르겠소."

이렇게 매정하게 주님을 부인할 때, 주님의 눈길이 베드로를 향해 있습니다. 원어의 의미는 주님이 "베드로를 똑바로 보셨다"라고 표현하고 있습니다. 주님의 사랑하는 수제자가 주님을 확실하게 부인하고 있는 모습을 주님이 똑바로 보고 계시는 이 상황이 섬뜩합니다. 이 눈빛은 베드로를 질책하고 책망하는 것일까요? 이 상황을 묵상하고 돌이켜 보면 볼수록 주님의 눈빛은 결코 질책과 책망이 아닌 것이 느껴집니다. 똑바로 바라보시는 주님의 시선을 통해 영적으로 넘어진 이를 향한 주님의 큰 사랑이 느껴집니다. 원망과 질책의 바라봄이 아니라, 사랑과 은총의 눈빛이기 때문입니다. 즉, 앞으로 나가지 못하고 넘어지려고 하는 베드로의 연약한 모습을 용서하시고 화해하기 위한 돌아보심입니다. 베드로는 이 사랑의 눈빛으로 힘을 얻어, 이후에 다시 일어나 복음을 위해 앞으로 달려가게 됩니다.

주님을 기다리는 사람은 돌아보시는 주님의 눈을 바라보는 사람입니다. 그래서 사랑이 가득한 주님의 눈길을 통해 자신을 깨닫는 사람입니다. 십자가를 향해 가시면서도 나의 과오를 측은히 여기시고 용서해 주시는 주님이 나를 보고 계십니다. 그래서 우리는 넘어질 때 주

님을 바라봐야 합니다. 더 나아가서 은혜의 십자가와 하나님 권능의
우편에 앉아 계시는 주님의 영광을 봐야 합니다. 이 강림절기, 우리는
나를 똑바로 보시는 주님의 눈을 바라봄으로 넘어지지 말아야 합니다.

기도

우리가 넘어지려 할 때, 여전히 힘주시는 주님의 눈을 보게 하소서.

# 오실 주님을 기다리는 자

막 1:1-7

> 세례 요한이 광야에 이르러 죄 사함을 받게 하는 회개의 세례를
> 전파하니 온 유대 지방과 예루살렘 사람이 다 나아가 자기 죄를
> 자복하고 요단강에서 그에게 세례를 받더라(막 1:4-5).

우리 사회와 교계에서 흘러나오는 교회 관련 뉴스들은 아름답지 못합니다. 광야같이 황량하고 메말라 있습니다. 교회의 잘못된 행태와 성도의 맹신적인 모습 그리고 목회자의 탈선이 단골로 등장합니다. 더 부끄러운 것은 그러한 잘못을 뉘우치거나 인정하지 않고 덮어 두기에 바쁘다는 것입니다. 이런 상황을 잘 아시는 성도 한 분이 찾아오셔서 제 손을 잡고 부탁합니다. "정말 진실한 목사님이 되어 주세요. 제가 자랑스럽게 말할 수 있는 그런 분이 되어주세요." 이 간곡한 부탁이 어디 저에게만 해당되겠습니까, 어디 목회자들에게만 해당하겠습니까?

마가복음은 선언으로 시작합니다. 첫 글이 하나님의 아들 예수 그

리스도의 복음에 대한 선포입니다. 이 선포는 마가복음 전체를 아우르는 제목입니다. 그래서 이 책의 주인공은 하나님의 아들 예수 그리스도이십니다. 특별히 마가복음에서 예수님에 대한 중요한 이미지는 오실 하나님의 아들이십니다. 하나님의 오심은 마가복음에 가장 빈번히 등장하는 내용입니다(막 5:19, 11:9, 12:11~37, 13:20). 그래서 2절부터 이사야서의 오실 주님을 맞이할 준비를 하라는 구절을 인용하고 있습니다. 이어서 바로 세례 요한의 활동을 소개함으로, 예언서의 말씀을 세례 요한과 연결시키고 있습니다. 그 말씀대로, 오실 예수 그리스도를 준비하는 사람, 그가 바로 세례 요한이었습니다. 세례 요한은 주님의 길을 예비하고 곧게 하는 작업을 수행했습니다. 광야에 나타나서 당시 사람들에게 회개의 세례를 선포했습니다. 그래서 온 유대 지방 사람들과 예루살렘 주민들은 그에게 와서 자기들의 죄를 고백하고 세례를 받았습니다. 이렇게 광야의 요한은 장차 오실 예수님에 대해 증언하며 그 길을 준비했습니다. 당시의 세례요한은 회개의 세례를 선포하고 그리스도를 증언하며 예수님이 오실 수 있는 길을 준비했습니다.

주님을 기다리는 사람은 예언을 받아 광야에서 외치는 사람입니다. 마가복음에 인용된 이사야서의 말씀과 세례요한의 역할이 간절히 필요합니다. 사회와 교계에 부끄러운 허물을 제거하고 잘못을 뉘우치며 오실 주님의 길을 준비하는 사람은 누구입니까? 시대적 환경이 광야와 같이 척박하고, 주님에 대한 관심을 잃어버리고 있는 이 때, 주의 길을 예비하는 세례 요한이 바로 당신입니다!

기도
이 시대의 세례 요한이 되어 오실 주님의 길을 예비하게 하소서.

# 대림절을 무겁게 보냅시다

시 62편

> 나의 영혼이 잠잠히 하나님만 바람이여 나의 구원이
> 그에게서 나오는도다. 오직 그만이 나의 반석이시요 나의 구원이시요
> 나의 요새이시니 내가 크게 흔들리지 아니하리로다(시 62:1-2).

제가 출석하고 있는 교회에는 '샬롬 찬양대'가 있습니다. 이 찬양대는 대부분 할머니로 구성이 되어 있습니다. 이분들의 찬양을 듣노라면 온 마음을 담아 고백하는 찬양임을 알 수 있습니다. 험하고 모진 세월을 견딘 몸은 안 아픈 곳이 없습니다. 심지어 이분들 중 절반 정도는 남편이나 자녀가 먼저 세상을 떠난 아픔을 품고 있습니다. 이처럼 샬롬 찬양대에서 봉사하시는 어르신의 대부분은 지나온 인생의 길이만큼 눈물어린 사연을 가지고 있습니다. 그래서 샬롬 찬양대의 찬양은 귀로 듣지 않고 가슴으로 듣습니다. 그 찬양은 결코 가볍지 않습니다.

"내 영혼이 잠잠히 하나님만을 기다림은 나의 구원이 그에게서만

나오기 때문입니다"(시 62:1). 험난한 인생의 모진 풍파 속에서도 이겨내고 견딜 수 있었던 것은 하나님이 주시는 소망 때문입니다(시 62:5). 그래서 시편 기자는 하나님에 대한 고백을 쏟아 내고 있습니다. 오로지 시종일관 한결같은 하나님을 신뢰하고 있습니다. 그래서 시편이 표현하는 인생이 가져야 하는 자세는 하나님만을 기다리고, 소망을 두며 의지하는 것입니다. 특별히 반석이시고 구원과 요새이신 하나님과 대비해서, 사람의 입김과 인생의 속임수를 비교하고 있습니다 (시 62:3~4, 9~10). 인생의 거짓과 가벼움에 비해 하나님은 흔들림이 없음을 고백합니다. 힘겨운 삶 속에 구원을 맛본 이들이 하나님이 반석이심을 찬양하는 것은 당연합니다. 따라서 강림절에 잠잠히 하나님만 바라보라는 말씀을 받습니다. 그런데 성육신하셔서 아기로 오신 하나님만을 바라보기보다는, 인생의 가벼운 것들을 바라보게 하는 성탄 절기의 풍경을 보면 안타깝습니다. 강림절기와 성탄절에는 한겨울의 추위에도 불구하고 인생을 즐기려는 인파가 가득합니다. 크리스마스 특수를 노리는 시장이 형성되고, 시끄럽고 복잡하며 가벼운 성탄절이 되어버렸습니다.

오늘 시편의 묵직한 고백이 주님을 기다리는 사람들에게 이루어지길 바랍니다. 고요하고 잠잠하게 견고한 반석과 구원이시며 요새이신 주님을 떠올림으로 우리에게 오신 주님의 무게감을 느끼기 바랍니다. 우리는 주님을 잠잠히 기다리며, 군건한 반석이 되셔서 우리를 흔들리지 않게 하시는 주님을 찬양하기 원합니다. 시끄럽고 복잡한 곳을 떠나 잠잠히 하나님만 바라보며 구원의 반석이신 구주를 맞이합시다.

기도
가벼움과 시끄러움이 아니라 잠잠히, 반석이신 주님을 기다리게 하소서.

# 나보다는 그리스도

마 3:1-12

> 나는 너희로 회개하게 하기 위하여 물로 세례를 베풀거니와
> 내 뒤에 오시는 이는 나보다 능력이 많으시니
> 나는 그의 신을 들기도 감당하지 못하겠노라
> 그는 성령과 불로 너희에게 세례를 베푸실 것이요(마 3:11).

주님에 대한 기대가 있어야 합니다. 연말이 되었지만, 우리 사회와 시대적 문제는 여전히 개선될 기미가 보이지 않습니다. 여전히 혼탁한 뉴스들이 우리 귀에 들리고 있습니다. 너무 앞만 보고 살아온 것은 아닌지 모르겠습니다. 우리가 주목 받기 위해서 노력하다 보니, 자신을 성찰하고 진리를 탐구하는 일에는 너무 게을렀습니다. 이 시기는 우리의 가식적이고 무사 안일함을 뒤로하고 우리에게 오실 주님을 바라보는 시간입니다. 오늘은 주님을 소개하는 광야의 소리에 귀 기울여 봅시다.

성탄절을 앞에 두고 우리는 "주님 기다림의 영성"을 삶과 영혼에 새

겨놓는 작업을 해야 합니다. 세례요한은 우리가 이 기다림의 단계에서 해야 할 일을 가르쳐 줍니다. 먼저 해결해야 할 것이 무엇인지 찾아내어 그곳에 결단의 도끼를 대도록 합니다. 세례 요한의 이러한 모습은 비범하고 그의 어투는 단호합니다. 낙타 털 옷과 가죽 띠에서 드러나는 그의 예언자적 모습은 저절로 시선을 사로잡습니다. 뿐만 아니라 그 입에서 나오는 말은 거침이 없습니다. 회개하라고 외치는 말 한마디가 고막을 통해 뼛속까지 파고듭니다. 심지어 세례를 받으러 온 많은 바리새파 사람들과 사두개인을 향해 그들의 가식과 허물을 가감 없이 꼬집습니다. "독사의 자식들아, 누가 너희에게 닥쳐올 징벌을 피하라고 일러주더냐? 회개에 알맞은 열매를 맺어라"(마 3:7). 이 외침은 '나는 아니겠지' 하는 우리의 마음을 흔들어 놓고 가식과 위선을 벗어버릴 것을 요구합니다. 그런데 세례요한은 이렇게 자신을 주목하는 모든 이목의 집중과 관심을 주님에게 돌립니다. "내 뒤에 오시는 분은 나보다 더 능력이 있는 분이시다. 나는 그의 신을 들고 다닐 자격조차 없다"(마 3:11) 하며 그리스도를 소개하고 주님에 대한 기대를 높여 줍니다.

광야의 외침은 우리의 가식과 위선을 벗는 회개에 합당한 열매를 요구하며, 그리스도를 소개함으로 주님을 기다리게 합니다. 그리고 세례 요한은 자신을 향한 관심과 이목을 모아서 그리스도에게 향하게 하고 있습니다. 세례 요한은 자신이 스포트라이트를 받는 자리에서 자기 뒤에 오시는 분을 소개합니다. 우리는 어떠한가요? 이와 같이 우리 주변에 주님의 오심에 대한 기대를 주는 사람이 되어보지 않겠습니까? 우리가 오늘날의 세례 요한이 되어서 시대를 진단하고 진정한 구원자이신 "내 뒤에 오시는 이"를 소개해 봅시다.

묵상
위선으로 가득 찬 나보다는 진실하신 그리스도가 드러나게 하옵소서.

# 그리스도의 파도를 기다려라

유 1:17-25

하나님의 사랑 안에서 자신을 지키며 영생에 이르도록
우리 주 예수 그리스도의 긍휼을 기다리라(유다서 1:21).

파도타기(surfing)라는 스포츠가 있습니다. 파도타기는 뛰어난 수영
능력과 평형감각이 필요한 것으로, 밀려오는 파도를 골라 타며 묘기
를 보여줍니다. 이 운동을 위해서 반드시 필요한 것은 바로 기다림입
니다. 적당한 파도가 오기까지 해안으로부터 200~400m쯤 나가서 파
도를 기다려야 합니다. 작은 파도들을 보내고 마침내 적당한 파도가
밀려오면, 서퍼(Surfer)는 파도를 즐기며 다양한 묘기를 선보입니다.
파도를 탈 줄 모르는 사람에게 파도는 위험천만한 것이지만, 큰 파도
는 서퍼들에게는 기회이고 간절한 바람입니다.

유다서는 마지막 때를 위한 훈계와 권면을 하고 있습니다. 세상의
풍조를 경계하고 있습니다. 요즘을 살펴보면, 다양한 세상의 사조와
유행들이 믿음의 가치들은 땅에 떨어트리고 있습니다. 지식과 기술은

점점 발달했지만, 미래에 대한 불안감과 인류의 생존 환경은 더욱 부정적입니다. 지식기반 사회의 도래로 평생교육 진흥과 인문학 열풍이 불고 있지만, 그와 비례해 신앙의 순수함과 믿음의 길은 점점 희미해지고 있습니다. 세상 풍조로서 욕정과 분열 그리고 본능이 우리를 지배하려고 합니다. 이러한 풍조의 파도가 우리를 향해 몰려오고 있습니다. 우리는 이 파도에 휩쓸리지 않기 위해 서퍼처럼 고도의 기술과 체력을 갖추어 파도 위에 올라서야 합니다. 그리고 우리가 시원하게 파도를 탈 수 있는 더 크고 아름다운 그리스도의 파도를 기다려야 합니다. 그리스도를 기다리는 사람은 세상의 잔파도에 휩쓸리는 사람들이 아닙니다. 믿음으로 균형을 잡고 세상의 잔파도를 뒤로 보내고, 앞으로 밀려올 그리스도의 파도를 기다립니다. 그리고 마침내 기다리던 그리스도의 파도가 밀려올 때, 그 파도를 즐기며 다양한 묘기와 함께 신나게 해안에 도착하게 될 것입니다.

복음서에서 자기를 지키며, 믿음으로 아기 예수님을 기다린 사람들을 생각해 봅시다. 그리고 우리도 믿음으로 자기를 건축하며 기도하며 반드시 오실 주님을 기다립시다.

기도

이 땅의 불경건한 풍조들에 휩쓸리지 않게 하시고, 예수님의 능력으로 승리하게 하소서.

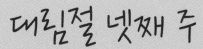

# 대림절 넷째 주

마리아가 이르되 내 영혼이 주를 찬양하며
내 마음이 하나님 내 구주를 기뻐하였음은
그의 여종의 비천함을 돌보셨음이라
보라 이제 후로는 만세에 나를 복이 있다 일컬으리로다
(누가복음 1: 46-48)

# 예수님의 꿈을 묵상하며

히 4:15

우리에게 있는 대제사장은 우리의 연약함을
동정하지 못하실 이가 아니요 모든 일에 우리와 똑같이
시험을 받으신 이로되 죄는 없으시니라(히 4:15).

교육의 현장에서 초등학교 아이들에게 종종 이런 질문을 던질 때가 있습니다. "너는 커서 뭐가 될래?" 그러면 아이들은 저마다 자신이 되고 싶은 것을 자랑스럽게 말한다. "저는 대통령이 될래요!", "저는 멋진 남자와 결혼할래요!", "저는 돈 많이 벌어서 부자가 될래요!" 등등. 아이들이 답변하는 내용의 공통된 점은 자신의 미래에 대한 밝은 희망이 담겨 있다는 것입니다.

2,000년 전에 예수님께서 이 땅에 오셨을 때 어른으로 오시지 않으셨습니다. 우리와 똑같이 어머니 뱃속에서 10개월 있다가 아기로 태어나셨습니다. 이사야 9장 6절에는 "이는 한 아기가 우리에게 났고 한 아들을 우리에게 주신 바 되었는데"라고 나오며 예수님께서 아기로

태어나실 것을 예언했습니다. 그 예언대로 예수님은 이 땅에 아기로 오셔서 인간의 성장과정을 다 겪으시고, 우리가 느끼는 모든 감정을 똑같이 느끼시고, 다양한 유혹을 받기도 하셨습니다. 그래서 히브리서 4장 15절에는 "우리에게 있는 대제사장은 우리의 연약함을 동정하지 못하실 이가 아니요 모든 일에 우리와 똑같이 시험을 받으신 이로되" 라고 나옵니다.

가끔 예수님의 어린 시절을 상상하며 엉뚱한 질문을 스스로에게 던 져봅니다. '예수님은 어린 시절에 보통 아이들이 가지고 있는 미래에 대한 황금빛 부푼 꿈은 없으셨을까?', '보통 아이들처럼 돈 많이 벌어 서 부자가 되고 싶은 꿈은 없으셨을까?', '행복한 가정을 이루는 꿈은 없으셨을까?', '본질적으로는 열두 군단이나 더 되는 천사를 보낼 만큼 능력이 많으신 분이신데 인간 위에 군림하는 왕이 되고 싶은 꿈은 없 으셨을까?'

우리 예수님의 어린 시절을 생각하면 마음이 아픕니다. 하나님이 얼마나 우리 인간을 사랑하시는지 그 마음을 느낄 수 있습니다. 예수 님은 아이로서 자연스럽게 가지게 되는 모든 감정과 욕심을 어렵게 이겨내며 본인의 정체성과 인류를 위해 해야 할 사명을 잊지 않으셨 습니다. 초등학생 시절을 지나고 있는 예수님에게 질문을 던집니다. "나중에 커서 뭐가 되고 싶습니까?" 예수님께서 대답합니다. "나는 다 른 사람을 위해 철저히 희생하는 사람이 될 거예요!", "나는 십자가에 서 인류의 죄를 다 짊어지고 처참하게 죽는 사람이 될 거예요!" 이러한 답변을 하는 어린 시절 예수님과 만나며 나 자신이 작아짐을 느낍니다. 예수님은 죽기 전, 십자가에서 고통 당하신 고난만 겪으셨던 것이 아닙니다. 예수님은 태어날 때부터, 어린 시절을 겪으며 성인이 되어 십자가에 달리실 때까지 그 무섭고 무거운 사명을 짊어지는 고난의 삶을 사신 분이셨던 것입니다. 바로 그 예수님을 눈물로 기다립니다.

기도
예수님처럼 하나님의 뜻에 순종하는 사람이 되게 하소서.

# 하나님 앞에
# 어린아이가 되려면

마 18:1-4

그 때에 제자들이 예수께 나아와 이르되 천국에서는 누가 크니이까

예수께서 한 어린 아이를 불러 그들 가운데 세우시고 이르시되

진실로 너희에게 이르노니 너희가 돌이켜 어린 아이들과 같이

되지 아니하면 결단코 천국에 들어가지 못하리라

그러므로 누구든지 이 어린 아이와 같이

자기를 낮추는 사람이 천국에서 큰 자니라(마 18:1-4).

요즘 교육학에서는 "아이로부터 배우는 교육학"이라는 용어를 사용합니다. 전통적으로 교육의 개념은 교사가, 어른이 일방적으로 아이에게 교육의 내용을 전달하고 가르치는 것으로 여겨졌으나, 요즘은 교사가, 어른이 아이를 가르치면서 오히려 아이로부터 배운다는 것입니다. 가르치면서 배우는 것입니다. 이것이 바로 '성장교육'(Growth Education)입니다. 가르치면서 아이도 성장하고 가르치는 어른도 같이 성장하는 것입니다.

예전에 제가 초등학교 학생들을 데리고 야외예배를 드리러 갔는데, 한 학생이 이렇게 말하는 것입니다. "목사님, 이렇게 푸른 나무를 보니까 하나님을 알고 느낄 수 있어요." 그래서 제가 "왜 그렇게 생각하는데?"라고 물으니까, "목사님이 쓰신 책을 보면 목사님을 알 수 있고 느낄 수 있잖아요. 마찬가지로 하나님이 만든 나무를 보니까 당연히 하나님을 알 수 있고 느낄 수 있지요." 저는 완전히 놀랐습니다. 어려운 조직신학의 내용을 아주 쉽게 정리한 것입니다.

예수님께서는 우리 마음이 어린아이와 같지 아니하면 결단코 천국에 갈 수 없다고 말씀하십니다. 예수님 시대만 해도 어린이는 가장 차별받았던 존재이며, 사람으로 대접받지 못했습니다. 그러나 예수께서는 그들을 높이고, 세우셨습니다. 마태복음 18장 3절에서 주목해야 하는 단어는 바로 "돌이켜"입니다. 여기서 "돌이켜"에 해당하는 헬라어 "스트라페테"는 결정적이고 완전한 방향 전환을 의미합니다. 이것이 진정한 회개의 의미입니다. 하나님 앞에 인생의 방향을 완전히 어린아이 상태로 바꾸어야만 천국을 소유하게 된다는 것입니다.

인생의 방향을 완전히 어린아이 상태로 바꾼 사람은 인생의 목적이 하나님인 사람입니다. 인생의 목적이 하나님이 된 사람은 하나님만 의지합니다. 그리고 하나님 앞에, 사람 앞에 겸손합니다. 어린아이 상태로 바꾼 사람은 하나님께서 주실 영적인 복과 은혜를 찾고 기대합니다. 아이들의 마음속에는 항상 부모님이 뭔가 좋은 것을 주지 않을까 하는 기대가 있는 것처럼, 우리도 하나님께 기대하는 믿음을 가지고 살아야 합니다. 하나님은 우리에게 영적인 복을 주십니다. 때마다 우리의 육체적, 정신적인 필요를 채워 주십니다. 그 기대가 있어야 합니다. 우리 모두 하나님 앞에 어린아이가 됩시다.

기도
하나님만 의지하고 살아가게 하소서.

# 선명한 빛깔을 내려면

요 1:9-12

> 참 빛 곧 세상에 와서 각 사람에게 비추는 빛이 있었나니
> 그가 세상에 계셨으며 세상은 그로 말미암아 지은 바 되었으되
> 세상이 그를 알지 못하였고 자기 땅에 오매 자기 백성이 영접하지
> 아니하였으나 영접하는 자 곧 그 이름을 믿는 자들에게는
> 하나님의 자녀가 되는 권세를 주셨으니(요 1:9-12).

우리나라 말 중에 발음이 재미있는 단어들이 있습니다. 그중의 하나가 바로 '빛깔'입니다. '빛깔'이라는 단어의 사전적인 의미는 바로 "물체가 빛을 받을 때 빛의 파장에 따라 그 거죽에 나타나는 특유한 빛"입니다. 여기서 중요한 통찰이 있는데, 그것은 빛깔을 내기 위해서는 물체가 빛을 받아야 한다는 것입니다. 그리고 선명한 빛깔을 받기 위해서는 물체가 빛을 많이 받아야 한다는 것입니다.

성경에서 '빛'은 생명이고, 궁극적인 희망을 상징합니다. 요한복음 1장 9절~12절에는 "참 빛 곧 세상에 와서 각 사람에게 비추는 빛이 있었나니 그가 세상에 계셨으며 세상은 그로 말미암아 지은 바 되었으되 세상이 그를 알지 못하였고 자기 땅에 오매 자기 백성이 영접하지 아니하였으나 영접하는 자 곧 그 이름을 믿는 자들에게는 하나님의 자녀가 되는 권세를 주셨으니"라고 나옵니다. 요한복음에서 말하는 "참 빛"은 바로 예수 그리스도이십니다. 예수 그리스도께서는 우리에게 영원한 생명을 주시고, 참된 희망을 주시는 참 빛이십니다. 참 빛이신 예수님께서 세상에 오셨을 때 어둠에 찌들어 있던 사람들은 참 빛을 싫어했습니다. 참 빛을 거부했습니다. 그러나 그 빛을 받아들인 사람들에게는 어둠이 떠나가고 참된 행복과 생명과 평화가 선물로 주어지게 되었습니다. 우리가 바로 그 빛을 받아들인 자들입니다.

참 빛이신 예수 그리스도를 받아들이고 새롭게 태어난 우리의 사명은 예수그리스도의 십자가 사건으로 말미암아 택하신 백성, 왕 같

은 제사장들로 우리의 신분을 귀하게 바꿔주신 하나님의 놀라운 덕과 은혜를 세상 사람들에게 선포하는 것입니다. 그러기 위해서는 우리의 삶 속에서 복음의 선명한 빛깔이 나와야 합니다. 우리가 예수님의 제자로서 예수님의 모습을 보이며 살아야 합니다. 우리의 삶의 자리에서 예수님의 향기가 드러나야 합니다. 이러한 사명감을 가지고 더욱더 참 빛이신 예수님께로 나아가야 합니다. 물체가 빛을 많이 받아야 선명한 빛깔을 내는 것처럼 우리의 존재가 참 빛이신 예수님 안에 있으면 있을수록 더욱 복음의 선명한 빛깔을 낼 수 있는 것입니다.

**기도**

예수님 안에서 복음의 선명한 빛깔을 내며 살아가게 하소서.

# 하나님은 사랑이셔라!

요1 4:8

사랑하지 아니하는 자는 하나님을 알지 못하나니
이는 하나님은 사랑이심이라(요1 4:8).

우리가 누군가를 설명할 때 형용사를 사용합니다. 예를 들면, "그 사람은 착하다. 성실하다. 멋있다" 등등으로 사람을 표현합니다. 그런데 형용사는 존재를 묘사하고 표현하는 말이지 명사 그 자체, 존재 그 자체는 아닙니다. 그런데 하나님을 설명할 때는 "하나님은 사랑이 많다"라는 형용사가 아니라 "하나님은 사랑이다"라는 명사를 사용합니다. 그러니까 하나님은 사랑 그 자체라는 말입니다. 사랑이 많은 정도가 아니라 사랑이라는 본질 그 자체라는 것입니다. 사랑은 성령님의 은사이기도 하고, 성령님의 열매이기도 합니다. 하나님이 사랑 그 자체이시기 때문에 하나님의 능력도 사랑이고, 하나님의 성품도 사랑인 것입니다. 그래서 기독교를 한마디로 말하면, 사랑의 종교입니다. 기독교는 사랑으로 시작해서 사랑으로 끝나는 종교입니다. 즉, 사랑이 진리입니다. 사랑이 전부입니다.

하나님께서 이 세상을 만드시고, 우리 인간을 만드신 이유는 바로 사랑 때문입니다. 하나님께서 인간의 몸으로 이 세상에 오셔서 그 모진 십자가의 고난을 받으신 것도 우리를 향하신 하나님의 사랑 때문이었습니다. 요한복음 3장 16절에 다음과 같이 나옵니다.

하나님이 세상을 이처럼 사랑하사 독생자를 주셨으니 이는 저를 믿는 자마다 멸망치 않고 영생을 얻게 하려 하심이니라.

하나님께서 우리에게 보여주신 이 사랑은 아가페 사랑입니다. 이 아가페 사랑은 사랑할 조건이 없는 데 사랑하는 것입니다. 이 사랑은 합리적 계산을 뛰어넘는 사랑입니다. 예수님의 잃은 양 비유를 보면 알 수 있습니다. 지금 여기에 말 잘 듣는 아흔아홉 마리의 양이 있습니다. 그런데 한 마리가 도망을 갔습니다. 말썽꾸러기 양이었을 것이고, 주인 말도 안 듣는 양이었을 것입니다. 그 양이 도망을 가자 목자는 잘 있는 아흔아홉 마리의 양을 두고, 잃어버린 한 마리의 양을 찾아서 헤맵니다. 오히려 그 한 마리를 찾으려다가 아흔아홉 마리를 도둑맞을 수도 있고, 이리나 늑대가 와서 그 양들을 잡아먹을 수도 있습니다. 그러나 목자는 그런 계산을 할 겨를도 없이 한 마리의 말썽꾸러기 양을 찾으러 떠납니다. 이 사랑이 바로 우리 하나님의 사랑입니다.

우리는 하나님의 형상을 닮은 존재입니다. 우리는 예수 그리스도를 통한 그 조건 없는 사랑을 받고 체험한 존재입니다. 그렇기 때문에 우리도 다른 사람을 사랑하는 것이 마땅합니다.

**기도**

예수님처럼 사랑하며 살아가게 하소서.

# 인류 최대 감동의 이야기

빌 2:5-8

> 너희 안에 이 마음을 품으라 곧 그리스도 예수의 마음이니
> 그는 근본 하나님의 본체시나 하나님과 동등됨을 취할 것으로
> 여기지 아니하시고 오히려 자기를 비워 종의 형체를 가지사
> 사람들과 같이 되셨고 사람의 모양으로 나타나사 자기를 낮추시고
> 죽기까지 복종하셨으니 곧 십자가에 죽으심이라(빌 2:5-8).

『마시멜로 이야기』라는 책의 내용 중에 다른 사람이 나를 돕게 만드는 방법이 여섯 가지 소개되어 있습니다. 그 여섯 가지는 다음과 같습니다. 첫째, 원리 원칙과 법률을 내세운다. 둘째, 대가를 지불한다. 셋째, 인맥과 학맥, 권위를 행사한다. 넷째, 그 사람의 감정에 호소한다. 다섯째, 아름다움으로 유혹한다. 여섯째, 감동을 통해 설득한다. 하나님께서 우리 인간에게 일하시는 방식은 여섯째 감동을 통한 방식입니다. 하나님은 우리에게 감동을 주시며 하나님의 사랑을 보여 주십니다.

거지 왕자의 감동적인 이야기가 있습니다. 한 나라의 왕자가 민생 시찰을 나갔다가 한 아리따운 처녀를 만났습니다. 그리고 그 처녀를 사랑하게 되었습니다. 그런데 안타깝게 그 처녀는 거지였습니다. 왕자가 그 거지 처녀에게 말했습니다. "나와 결혼해 주시오. 우리 왕궁에 가서 같이 삽시다." 그러자 그 거지 처녀는 그 말을 믿지 않고 무서워서 도망갔습니다. 왕궁에 돌아온 왕자는 그 처녀를 얻기 위해 고민하다가 왕자의 옷을 벗기로 결심합니다. 왕자의 신분을 벗어버리고 거지 옷을 구해서 입고 그 처녀 집으로 갔습니다. 그리고 말했습니다. "나 예전에 왕 했던 사람인데요, 이제 거지에요. 당신을 사랑해서 거지로 살 것입니다." 거지로 변한 왕의 모습을 보고 감동을 받은 이 처녀는 거지 왕자와 함께 움막에서 평생을 행복하게 살았다는 이야기입니다.

이 거지 왕자가 바로 우리 예수님이십니다. 예수님은 하나님의 아들이시고, 하나님과 동일 신분을 가지고 계신 분이십니다. 그분께서 우리 인간을 사랑하셔서 인간의 눈높이를 맞추기 위해서 가장 낮은 모습, 종의 모습으로 우리에게 오신 것입니다. 예수님께서 태어나신 곳은 왕궁도 아니고, 호텔도 아닌 마구간입니다. 아무리 찢어지게 가난해도 마구간에서 태어난 사람은 아마 없을 것입니다. 우리는 마구간을 너무 낭만적으로 생각하는 경향이 있습니다. 교회학교 선생님들이 그림 자료를 만드실 때, 따뜻한 짚이 깔려있고, 예쁜 송아지, 양들이 있는 낭만적인 곳으로 마구간을 표현합니다. 그러나 실제로 마구간은 동물의 똥냄새가 진동하는 불편한 곳이고, 예수님이 누우셨던 말구유는 말의 똥과 침이 엉켜있는 그런 더러운 곳입니다. 가장 존귀하신 하나님이신 예수님께서 이 마구간에서 태어나신 것입니다. 예수님은 태어나실 때부터 우리를 사랑하신 그 놀라운 사랑을 겸손의 감동, 진실한 감동으로 우리에게 보여 주셨습니다.

기도

다른 사람에게 감동을 주는 예수님 닮은 사람이 되게 하소서.

# 예수님은 인류의 구원투수

골 1:20

> 그의 십자가의 피로 화평을 이루사
>
> 만물 곧 땅에 있는 것들이나 하늘에 있는 것들이 그로 말미암아
>
> 자기와 화목하게 되기를 기뻐하심이라(골 1:20).

많은 분들이 2008년도 베이징 올림픽을 기억합니다. 왜냐하면, 그 때 우리나라 야구가 극적으로 금메달을 땄기 때문입니다. 그 감동은 우리의 마음속에 계속 남아 있습니다. 대다수 분들이 2008년도 베이징 올림픽 최고 명승부를 야구 결승전으로 뽑았습니다. 우리나라는 아마추어 야구 최강 쿠바와 결승전을 치르게 되었습니다. 결승전답게 9회 말까지 손에 땀을 쥐게 하는 경기를 진행했습니다. 9회 말 상황을 회상해보면, 그때까지 투수였던 류현진 선수가 수비를 잘하다가 심판의 오심이 겹치면서 주전 포수가 퇴장당하는 상황이 발생하였습니다. 그래서 부상 중이던 진갑용 포수가 그 자리를 대신했습니다. 9회 말 점수는 3-2로 우리나라가 한 점 앞서고 있었습니다. 그런데 이 상황에서 주자가 만루에 있었기 때문에 안타 한 방이면, 역전되어 우리나라가 지게 될 위기상황에 있었습니다. 그때 감독은 류현진 선수를 교체하여 정대현 선수를 올려 보냈습니다. 모든 것은 정대현 선수 손에 달려 있었습니다. 그 선수의 공 하나에 우리나라 야구의 운명이 달려 있었습니다. 드디어 정대현 선수가 공들여 던진 공을 상대방이 쳤고, 그 공은 2루 땅볼이 되어서 병살타가 되어 경기가 끝나게 되었습니다. 우리나라가 승리해서 금메달을 목에 걸 수 있게 되었습니다. 온 국민은 같이 기뻐하며 우승의 감격을 서로 나누었습니다.

이 경기에서 정대현 선수의 역할은 구원투수였습니다. 감독은 가장 아끼는, 믿을 만한 정대현을 구원투수로 내보낸 것이고, 정대현 선수

는 완벽하게 구원투수의 임무를 감당해 낸 것입니다.

저는 이 경기를 생각하면서 우리 예수님은 구원투수라는 생각이 들었습니다. 그리고 우리 하나님은 예수님을 이 세상에 보낸 감독님이라는 생각이 들었습니다. 예수님으로 말미암아 모든 나라의 백성들이 금메달을 딸 수 있는 길이 열렸습니다. 예수님의 구원투수 사역으로 말미암아 모든 평화가 임해서 온 만물이 화목하고 행복할 수 있는 역사를 이루신 것입니다.

기도
예수님께서 우리에게 베풀어주신 구원이라는 선물을 생각하며 감사하게 하소서.

# 그 이름의 비밀

마 1:23

> 보라 처녀가 잉태하여 아들을 낳을 것이요
> 그의 이름은 임마누엘이라 하리라 하셨으니 이를 번역한즉
> 하나님이 우리와 함께 계시다 함이라(마 1:23).

우리는 모두 다 이름을 가지고 있습니다. 이름 안에는 사명, 소원이 들어 있습니다. 이름이 중요하기 때문에 이름은 함부로 짓지 않습니다. 어떤 사람은 작명소에 가서 돈을 내고 이름을 짓기도 합니다. 아버지, 어머니 혹은 할아버지께서 이름을 지으셨다면 그분들은 본인들이 지은 이름의 뜻과 같은 사람이 되라고 그 이름을 지어주신 것입니다. 그렇기 때문에 이름 안에는 놀라운 뜻, 이름 안에는 그 사람이 평생 이루어야 할 사명이 숨겨져 있습니다.

예수님의 이름을 잘 분석해보면, 예수님께서 이 세상에 오셔서 이루실 사역과 사명을 알 수 있습니다. 그 사역은 첫째, '예수'라는 이름으로서의 사역입니다. 이 사역은 하나님의 구원 사역입니다. 하나님께서는 예수님을 우리 인간의 구원자로 보내주시기 원하셨습니다. 우리 인간은 죄 가운데 빠져 허덕이고 있습니다. 우리 인간 측에서는 죄 사함을 받을 수 없기에 하나님께서 친히 인간의 몸을 입고 이 세상에 오셨습니다. 이 세상에 오셔서 가장 낮아지셨습니다. 롬 6장 23절에 "죄의 삯은 사망"이라고 나와 있습니다. 예수님께서 인간의 죄의 값을 죽음으로 치르셨습니다. 이것을 한자로 '속량'이라고 합니다.

둘째, '임마누엘'이라는 이름으로서의 사역입니다. 임마누엘의 뜻은 하나님이 우리와 함께 계시다는 것입니다. 예수님이 지상에 오셔서 이루신 사역은 하나님이 우리와 함께 계시다는 것을 보여주신 것입니다. 하나님은 따로 떨어져 계시는 분이 아니라, 우리와 함께하시고, 우리와 동행하시고, 우리를 지키시며, 우리에게 은혜를 베푸시는 진정한 아버지요, 목자라는 것입니다. 하나님께서는 고통과 괴로움, 힘듦 가운데 있는 우리 인간을 위로하시기 위해 예수님을 우리에게 보내주셨습니다. 하나님께서 우리가 힘들 때나 아플 때나 괴로울 때나 어려울 때나 언제나 함께 하신다는 증거로 예수님을 우리에게 보내주신 것입니다.

하나님은 우리의 참 목자가 되시는 것입니다. 참된 목자는 항상 양들과 함께합니다. 양들과 함께 있지 않은 목자는 삯꾼 목자입니다. 하나님은 언제 어느 때나 우리와 함께하시는 참된 목자이신 것입니다. 참된 목자는 잘 때도 지팡이를 가지고 양문 곁에서 잡니다. 이리나 늑대가 오면 양들을 지키기 위해서입니다. 만약 양들에게 목자가 없다면 양은 죽고 맙니다. 양은 스스로 살 수 없기 때문입니다. 마찬가지로 우리는 한순간도 하나님을 떠나서는 살 수 없습니다. 그 하나님은 절대 우리를 떠나지도 버리지도 아니하시고 우리와 함께하십니다. 그 증거를 보여주시기 위해 예수님께서 오신 것입니다. 이 놀라운 이름을 묵상하고, 감사하는 대림절이 되어야 합니다.

기도

하나님께서 언제나 우리와 함께하심을 믿고 살아가게 하소서.

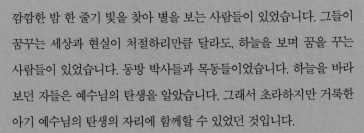

깜깜한 밤 한 줄기 빛을 찾아 별을 보는 사람들이 있었습니다. 그들이 꿈꾸는 세상과 현실이 처절하리만큼 달라도, 하늘을 보며 꿈을 꾸는 사람들이 있었습니다. 동방 박사들과 목동들이었습니다. 하늘을 바라보던 자들은 예수님의 탄생을 알았습니다. 그래서 초라하지만 거룩한 아기 예수님의 탄생의 자리에 함께할 수 있었던 것입니다.

지진과 전쟁과 반목과 불신의 우울하면서도 불안한 시대를 우리도 살아가고 있습니다. 그래서 좀 더 힘을 갖추기 위하여 더 빨리, 더 많이, 더 높은 곳으로 가려고 끊임없이 경쟁하고 조급하게 달려갑니다. 그러다 보니 우리 영혼이 우리를 미처 따라오지 못하는 듯합니다. 영혼 없는 정열, 사랑, 수고가 우리의 삶을 헛헛하게 만듭니다.

이제 가던 길을 잠시 멈추어 서서 하늘의 별을 바라볼 시간입니다. 소음 속에서 침묵을 회복하고, 어둠 속에서 빛을 찾으며, 분주한 발걸음을 멈추고 우리를 찾아오신 예수님을 기다리는 시간을 가져야 할 때입니다.

_ 조은하 교수 〈추천의 글〉 중에서

값 7,000원
ISBN 978-89-6447-844-8
9 788964 478448